LA GRANDE IMAGERIE

T·REX

TEXTES **EMMANUELLE FIGUERAS**
ILLUSTRATIONS **FRANCO TEMPESTA**

FLEURUS

LES ANCÊTRES DE *T. REX*

Les tout premiers dinosaures sont apparus il y a plus de 230 millions d'années, à la période du Trias. Ils se sont succédé et diversifiés pendant près de 160 millions d'années, avant de disparaître soudainement de la surface de la Terre. À ce jour, les scientifiques ont déjà retrouvé et identifié plus de 1 500 espèces différentes, réparties en deux grands groupes et en familles. Le tyrannosaure, aussi appelé Tyrannosaurus rex *ou* T. rex, *appartient à la famille des tyrannosauridés : de terrifiants dinosaures carnivores apparus à la fin du Jurassique, il y a plus de 135 millions d'années.*

Des ancêtres plutôt petits

À la fin du Crétacé, la plupart des tyrannosauridés mesurent entre 8 et 13 m de long. Mais ces gros prédateurs n'ont pas toujours été aussi grands ! Quelques dizaines de millions d'années plus tôt, leurs ancêtres étaient même minuscules comparés à leurs descendants ! L'un des plus vieux parents connus du tyrannosaure, *Dilong*, vivait en Chine au début du Crétacé, il y a environ 130 millions d'années. Il ne mesurait pas plus d'1,50 m de long.

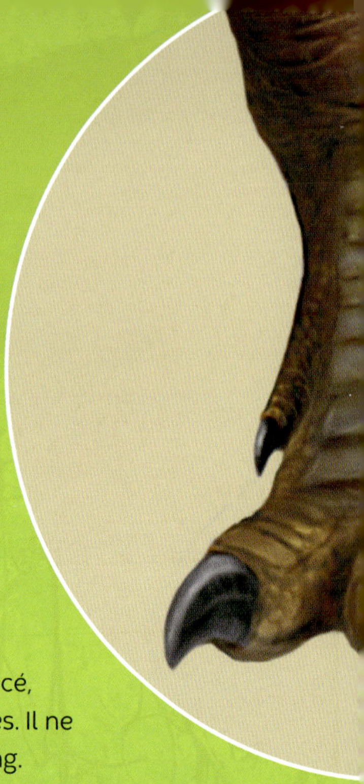

Dinosaures de l'hémisphère nord

Tous les fossiles de tyrannosauridés ont été retrouvés en Asie (Chine, Mongolie et Thaïlande) et en Amérique du Nord (États-Unis et Canada). Quelques fragments de crâne d'un tyrannosauridé, *Nanuqsaurus hoglundi*, ont même été découverts au nord de l'Alaska, tout près du cercle polaire ! Jusqu'à preuve du contraire, aucun de ces animaux n'a fréquenté l'Afrique, l'Amérique du Sud, l'Europe ou l'Australie.

Découvert en 2004, Dilong était un petit prédateur carnivore surnommé le « dragon empereur ». Il portait des proto-plumes (sorte de duvet) et ses deux pattes avant étaient terminées par des mains à trois doigts, tandis que celles du tyrannosaure n'en avaient que deux.

Puissants théropodes

Les scientifiques classent les dinosaures en deux grands groupes : les ornithischiens et les saurischiens. Les ornithischiens ou « dinosaures à bassin d'oiseau » sont tous des herbivores, tandis que les saurischiens ou « dinosaures à bassin de reptile » réunissent les théropodes, souvent carnivores, et les prosauropodes et sauropodes, tous herbivores. Les tyrannosauridés sont des théropodes : des dinosaures bipèdes, c'est-à-dire marchant sur deux pattes, avec des pieds à trois doigts griffus.

Une famille mal connue

Les scientifiques ont répertorié une douzaine de genres différents de tyrannosauridés. Mais les paléontologues ne sont pas d'accord sur leur nombre exact. En 2018, la découverte rarissime d'un fossile fait débat. Certains scientifiques le considèrent comme une espèce miniature de tyrannosauridé : *Nanotyrannus*, qui signifie « tyran nain » et dont l'existence même est très discutée, tandis que d'autres pensent qu'il s'agit simplement d'un tout jeune tyrannosaure.

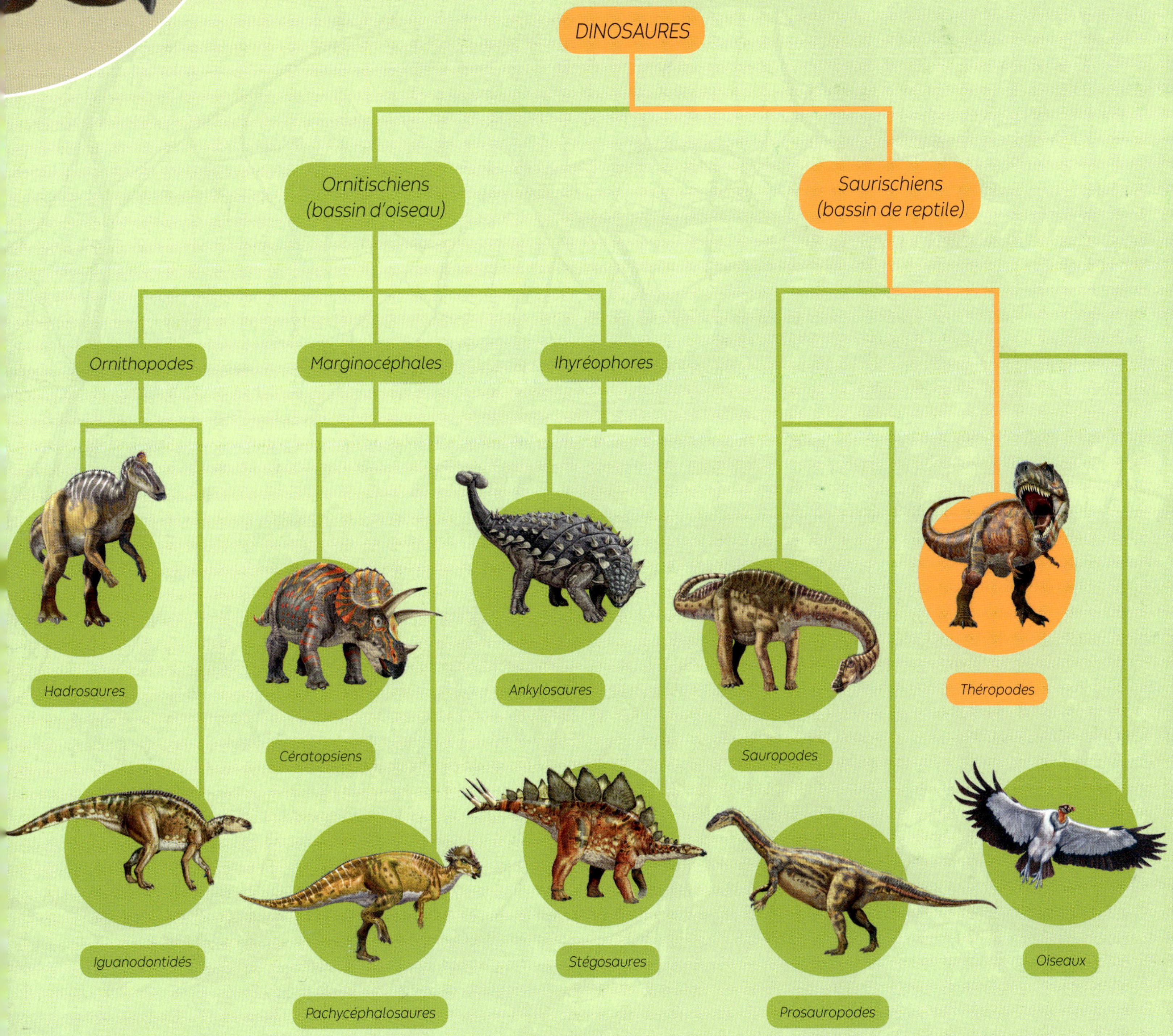

UNE FAMILLE DE GRANDS CARNIVORES

Originaires d'Amérique du Nord ou d'Asie, les tyrannosauridés sont tous de grands carnivores bipèdes. Tyrannosaurus rex, Albertosaurus, Gorgosaurus... *malgré leurs différences, tous ces prédateurs possèdent des caractéristiques semblables : ils ont des pattes avant plus courtes que les pattes arrière, des griffes solides, un cou en forme de S, une très grosse tête avec un crâne énorme, de grandes dents et une puissante mâchoire de carnassier !*

L'albertosaure

Comme son nom l'indique, *Albertosaurus* vivait dans la province d'Alberta, au Canada, il y a près de 70 millions d'années. Plus petit que le tyrannosaure, il mesurait entre 8 et 10 m de long. Ses jambes, plus fines que celles de son cousin, lui permettaient sans doute de courir plus vite. Son museau plus large et ses dents tranchantes incurvées vers l'arrière faisaient de lui un redoutable tyrannosauridé !

Le tarbosaure

Voilà presque la copie conforme du tyrannosaure, en version asiatique ! Retrouvés en Mongolie et en Chine, les restes de ce « lézard angoissant » ressemblent tellement à ceux de son cousin nord-américain que certains paléontologues considèrent même qu'il s'agit d'un tyrannosaure... Ce grand prédateur chassait ses proies dans les plaines humides d'Asie à la fin du Crétacé, il y a environ 70 millions d'années. Il mesurait près de 13 m de long, avait un énorme crâne et une très longue queue. Mais ses bras étaient encore plus petits que ceux de *T. rex*.

Le gorgosaure

Ce tyrannosauridé très proche de l'albertosaure occupait le territoire de *T. rex* un peu avant lui, il y a près de 75 millions d'années. Grâce à la vingtaine de squelettes fossilisés découverts en Alberta (Canada) et au Montana (États-Unis), *Gorgosaurus* est bien connu des paléontologues. C'était un prédateur carnivore qui mesurait 8 à 9 m de long et pesait près de 2,5 tonnes, soit presque quatre fois moins que *T. rex* !

Le daspletosaure

Ce cousin proche de *T. rex* fut découvert en 1989 et baptisé *Daspletosaurus horneri* en l'honneur du célèbre paléontologue John R. Horner, qui a travaillé avec Steven Spielberg sur le film *Jurassic Park*. Il vivait au Canada il y a environ 75 millions d'années et partageait donc son territoire avec *Gorgosaurus*. Le fossile d'un crâne très bien conservé révèle que la peau de son museau était très sensible au toucher. On imagine qu'il en était de même pour *T. rex*.

Le dynamoterror

Ce vieux cousin n'a été découvert qu'en 2012, au Nouveau-Mexique (sud des États-Unis). Les scientifiques n'ont pas trouvé de squelette entier, mais l'analyse de quelques ossements fossilisés a révélé qu'il mesurait environ 9 m de long et qu'il arpentait le territoire nord-américain il y a 77 millions d'années, bien avant *T. rex*. Son nom étrange signifie « puissant souverain de la terreur » !

LE ROI DES LÉZARDS TYRANS

Tyrannosaurus rex *apparaît seulement à la fin du Crétacé, il y a environ 68 millions d'années, dans l'ouest de l'Amérique du Nord. Plus grand et plus fort que tous ses ancêtres, il est le membre le plus évolué et le plus impressionnant de sa famille, les tyrannosauridés. Son corps dépasse les 13 m de long : la taille d'un autobus ! Il mesure de 5 à 6 m de haut et pèse près de 9 tonnes, presque le poids de deux éléphants d'Asie !*

La découverte du tyrannosaure

En 1902, le célèbre paléontologue américain Barnum Brown découvre les tout premiers ossements de tyrannosaure dans le Montana, au nord des États-Unis. Mais c'est un autre paléontologue, Henry Fairfield Osborn, qui le baptisera en 1905 *Tyrannosaurus rex* : « le roi des lézards tyrans », un nom idéal pour ce prédateur unique !

Des jambes musclées

Les longues jambes du tyrannosaure devaient être extrêmement musclées pour supporter le poids de son corps. Prolongées par des pieds à trois gros orteils, elles n'étaient pas bâties pour courir vite et longtemps. Mais le tyrannosaure pouvait quand même faire des enjambées de près de 4 m !

Une très longue queue

Son immense queue n'était pas là par hasard. Pendant que le tyrannosaure courait, la tête en avant, elle lui permettait de garder l'équilibre : dressée à l'horizontale, elle lui servait à la fois de gouvernail et de balancier ! De cette manière, même quand il baissait la tête pour mordre les jambes de ses proies, le tyrannosaure ne tombait pas la tête la première !

FLEURUS

Une tête énorme

Impressionnant ! La tête du tyrannosaure mesurait près de 1,50 m de long, ce qui équivaut à la taille d'une baignoire... Son crâne pesait plus de 270 kg, mais il était percé de nombreuses ouvertures qui permettaient d'alléger son poids et d'insérer les puissants muscles de sa mâchoire. Pour pouvoir supporter cette lourde charge, les muscles de son petit cou en forme de S étaient eux aussi très développés.

En passant un crâne de tyrannosaure au scanner, les scientifiques ont pu modéliser la taille de son cerveau : celui-ci était minuscule, puisqu'il ne mesurait que 30 cm environ !

Le tyrannosaure avait des griffes impressionnantes sur les doigts de pied. La plus longue mesurait 20 cm !

De tout petits bras

Terminés par deux doigts griffus, les bras du tyrannosaure étaient très musclés, mais minuscules comparés à la taille de son corps : moins de 75 cm de long ! Impossible dans ces conditions de les porter jusqu'à sa bouche ou de se gratter le museau ! Certains scientifiques pensent même qu'ils ne servaient à rien et qu'ils auraient pu disparaître avec le temps, comme chez l'autruche actuelle.

Un œil de lynx

Peu d'animaux ont comme l'être humain une vision stéréoscopique, qui permet de voir les reliefs, mais c'était le cas du tyrannosaure ! Ses yeux, placés sur l'avant de la tête et non sur les côtés, étaient un atout supplémentaire pour la chasse. Ses victimes avaient des raisons de se méfier... Le tyrannosaure pouvait les repérer de loin et évaluer facilement la distance à laquelle elles se trouvaient pour mieux les attaquer.

Une mâchoire redoutable

Véritable machine à broyer, sa redoutable mâchoire était armée de puissants muscles. Loup, tigre, crocodile, grand requin blanc... aucun animal vivant aujourd'hui sur Terre n'aurait pu rivaliser avec la morsure d'un tyrannosaure ! Avec une telle mâchoire, ce grand carnivore pouvait tuer ses proies d'un coup en cassant leurs os en deux !

Un flair et une ouïe très développés

D'après certains chercheurs, le tyrannosaure avait l'odorat le plus puissant de tous les dinosaures ! Il pouvait ainsi repérer ses prochaines victimes de très loin. Comme pour d'autres animaux, on peut supposer que son flair très développé lui servait également à reconnaître ses parents, séduire un(e) partenaire ou marquer son territoire. Son ouïe, également très fine, lui permettait d'entendre des sons de basse fréquence et de détecter les mouvements de ses proies, même les plus éloignées.

Sa gueule pouvait s'ouvrir sur plus d'1 m de haut pour avaler des bouchées de viande et d'os de plus de 50 kg !

Des dents acérées

Si les quatre longues canines d'un tigre sont déjà effrayantes, celles du tyrannosaure l'étaient encore plus ! Sa gueule gigantesque était garnie de 58 dents aiguisées et crénelées comme des couteaux de cuisine. Celles-ci mesuraient 20 cm de long, ce qui correspond à la taille d'un avant-bras humain !

UN ROYAUME FANTASTIQUE

Les ossements de T. rex ont tous été trouvés dans l'ouest des États-Unis (Wyoming, Montana, Nouveau-Mexique...) et au Canada, preuve qu'il vivait bien là et nulle part ailleurs ! Mais à l'époque, les paysages nord-américains ne ressemblaient pas du tout à ceux d'aujourd'hui... Le climat y était chaud et humide, et la végétation luxuriante. Le grand carnivore vivait donc au milieu des palmiers, des forêts de conifères et des plantes à fleurs. Il partageait son territoire avec de nombreux autres animaux, tout aussi extraordinaires...

Anzu, ou « le poulet de l'enfer »

Anzu

Les scientifiques l'appellent « le poulet de l'enfer », en référence à un démon de la mythologie sumérienne. Ce dinosaure découvert dans le Dakota avait une crête osseuse sur le dessus de la tête, un long cou, de grands bras couverts de plumes et un bec édenté. Il pouvait mesurer jusqu'à 1,50 m de haut et 3,50 m de long, presque deux fois la taille d'un rhinocéros ! Il était sans doute omnivore et devait se nourrir de plantes et de petits animaux.

Purgatorius

Au Crétacé, les mammifères existaient déjà depuis longtemps. Ils étaient souvent nocturnes et plutôt petits comparés à ceux d'aujourd'hui. Parmi eux se trouvait *Purgatorius* : un petit animal à longue queue qui vivait dans les arbres d'Amérique du Nord, où il se nourrissait d'insectes et de végétaux. Comme il était à peine plus gros qu'un écureuil, il est peu probable que le tyrannosaure se soit intéressé à lui !

Quetzalcoatlus

Bambiraptor

Pendant que le tyrannosaure semait la terreur auprès des gros herbivores, d'autres dinosaures carnivores chassaient des proies bien plus petites : lézards, serpents, mammifères, insectes… C'était le cas de *Bambiraptor*, un tueur redoutable aux proportions minuscules ! Il mesurait à peine 1 m de long, queue comprise, mais c'était un prédateur rapide, armé de griffes puissantes et de dents tranchantes comme des lames de rasoir !

Quetzalcoatlus

Le ciel était le royaume d'étranges créatures : les ptérosaures ou « reptiles volants », qui n'étaient pas des dinosaures, mais leurs « cousins ». *Quetzalcoatlus* était l'un des plus grands représentants du genre et le plus grand animal volant de tous les temps. Ce « lézard ailé » possédait un long bec pointu et dépassait les 15 m d'envergure. Il n'avait pas de plumes mais des os creux pour alléger son poids. Des membranes de peau tendues comme un cerf-volant lui permettaient de planer dans les airs.

Bambiraptor

Deinosuchus

Celui dont le nom signifie « crocodile terrible » était bien plus grand que tous les alligators et crocodiles actuels. Il mesurait près de 11 m de long, possédait une puissante mâchoire et portait une armure de plaques osseuses sur le dos. Des fossiles retrouvés dans plusieurs régions des États-Unis (Montana, Texas…) prouvent qu'il fréquentait les estuaires d'Amérique du Nord au Crétacé supérieur. Il chassait probablement des dinosaures, mais personne ne sait quelles étaient ses relations avec le tyrannosaure.

UN PRÉDATEUR OPPORTUNISTE

Situé au sommet de la chaîne alimentaire, le tyrannosaure était un terrible prédateur. Il devait régner en maître sur son territoire, sans ennemi à craindre, à part peut-être les membres de sa propre espèce. Les scientifiques ont trouvé sur des fossiles de T. rex des traces de morsures au niveau de la tête correspondant à des dents d'autres tyrannosaures, ce qui prouve qu'ils pouvaient se battre entre eux. Peut-être pour défendre leur territoire ou s'approprier une femelle...

Un régime carnivore

Tous les dinosaures n'avaient pas le même régime alimentaire. Les herbivores mangeaient des végétaux, les piscivores du poisson, les omnivores des œufs, des insectes ou des plantes. Le tyrannosaure, lui, était exclusivement carnivore : il ne se nourrissait que de chair et d'os ! L'analyse de différents fossiles de tyrannosaures a d'ailleurs révélé que plusieurs d'entre eux souffraient d'une maladie (la goutte) liée à un régime alimentaire trop riche en viande.

Seul ou en groupe ?

Difficile de savoir si le tyrannosaure chassait seul ou à plusieurs ! Après avoir retrouvé en 2011, en Colombie britannique, une série d'empreintes de trois tyrannosauridés marchant dans la même direction, les paléontologues ont supposé que ces animaux chassaient en groupe.

Chasse à l'affût

Le tyrannosaure ne devait pas poursuivre ses proies comme le font les prédateurs actuels. Malgré sa force, son poids phénoménal ne lui permettait pas de courir vite et longtemps : évaluée à moins de 40 km/h, sa vitesse maximale était inférieure à celle de la majorité de ses proies ! Voilà pourquoi les scientifiques pensent que ce grand carnassier chassait à l'affût, attaquant ses victimes par surprise et les tuant d'un seul coup de dents.

Des proies faciles

Malgré sa force titanesque, le roi des lézards tyrans était sans doute un opportuniste ! Il choisissait en priorité des proies faciles à se mettre sous la dent : des charognes, des animaux malades ou de jeunes herbivores, moins puissants, moins lourds et moins expérimentés que leurs parents. C'est du moins ce qu'a prouvé une étude menée sur une crotte fossilisée de tyrannosaure... Celle-ci ne contenait que de petits os broyés de jeunes animaux (tricératops, hadrosaures...).

Toujours une chance de survie !

Dans la nature, tous les prédateurs connaissent des échecs. Ils multiplient les attaques pour capturer une proie. Le tyrannosaure n'échappe pas à la règle. Les paléontologues ont retrouvé des fossiles de dinosaures herbivores ayant survécu à leurs blessures : ils avaient réussi à échapper aux griffes du prédateur !

CANNIBALISME CHEZ LES TYRANNOSAURES ?

Pour satisfaire son appétit insatiable, le tyrannosaure mangeait de nombreux autres dinosaures, y compris des membres de sa propre espèce ! La preuve ? Des traces de morsures incompatibles avec des blessures de combat (sur les bras, les pattes...) ont été retrouvées sur une quinzaine de fossiles de *T. rex* ! Rien ne dit en revanche si l'animal tuait ses congénères pour les manger ou s'il se nourrissait uniquement de cadavres qu'il trouvait en chemin.

DES PROIES VARIÉES

Le tyrannosaure ne pouvait pas chasser de diplodocus, puisque ce gigantesque sauropode au long cou avait disparu de son territoire depuis déjà plusieurs dizaines de millions d'années... Il convoitait dès lors d'autres espèces, mais lesquelles ? Des traces de morsures cicatrisées sur d'autres dinosaures et des ossements fossilisés retrouvés à proximité du tyrannosaure ont révélé l'identité de ses proies de prédilection : beaucoup étaient de gros herbivores.

L'ankylosaure : gare à la riposte !

Ce gros dinosaure herbivore avait le dos, les flancs et la queue protégés par une armure de plaques osseuses particulièrement solides. Il mesurait 7 m de long et pesait 4 à 6 tonnes. Il était très lent et incapable de se dresser sur ses pattes arrière, donc probablement facile d'approche... Mais en plus de son blindage défensif, ce tank sur pattes possédait une arme redoutable : une lourde « massue » d'os située au bout de la queue, qu'il pouvait balancer contre ses adversaires !

Les paléontologues n'ont retrouvé que quelques rares squelettes isolés d'ankylosauridés. On suppose donc que ces dinosaures menaient une vie solitaire.

Le pachycéphalosaure : au menu du prédateur ?

Facilement reconnaissable à son « crâne d'œuf » de 20 cm d'épaisseur, ce dinosaure herbivore cache encore de nombreux secrets... Seul un crâne fossilisé et quelques fragments d'os ont été retrouvés. Tous ont été découverts sur le territoire du tyrannosaure ! D'après les estimations des paléontologues, *Pachycephalosaurus* (qui signifie « lézard à tête épaisse ») devait mesurer près de 5 m de long et figurait peut-être au menu du prédateur.

L'edmontosaure : une proie de choix

Voilà sans doute l'une des proies préférées du tyrannosaure ! *Edmontosaurus*, un « dinosaure à bec de canard » de la famille des hadrosauridés, était un gros herbivore d'environ 13 m de long qui se nourrissait de branchages et d'aiguilles de conifères. Il n'avait ni crocs ni griffes acérées, mais des milliers de petites dents situées au fond de la gueule qui lui servaient de râpe pour broyer les végétaux. Ses seuls moyens de défense face au tyrannosaure étaient la fuite et la vie en troupeau.

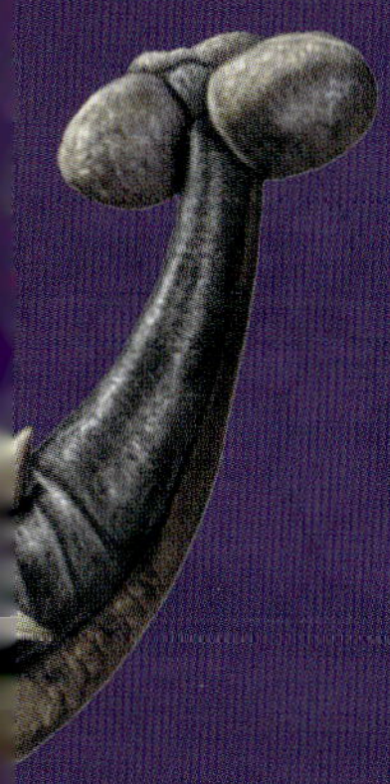

L'edmontosaure avait une peau épaisse composée de petites écailles qui ne se chevauchaient pas et ne devaient pas lui offrir une protection face aux morsures du tyrannosaure.

Le tricératops : un adversaire de taille

Une épaisse collerette osseuse, trois cornes (dont deux mesurant près d'1 m de long), 7 tonnes de chair, d'écailles, d'os et de muscles, un corps de 8 à 10 m et un crâne de 2,50 m de long… Le tricératops avait de quoi rivaliser avec le tyrannosaure ! Ce gros herbivore était le plus grand représentant de sa famille, les cératopsidés. Plutôt que de prendre le risque d'affronter un tricératops adulte, le tyrannosaure attaquait plus sûrement les plus jeunes ou les plus affaiblis.

AMOURS ET REPRODUCTION MYSTÉRIEUSES

Comme tous les autres dinosaures, le tyrannosaure pondait des œufs, sûrement plus d'une dizaine à la fois, comme le font leurs cousins les crocodiles. Mais aucun œuf de T. rex n'a jamais été identifié ! La découverte de très grands nids d'autres dinosaures avec des œufs fossilisés sur les bords permet cependant d'imaginer que les femelles s'installaient au milieu pour pondre ou couver leurs œufs sans les casser.

Des amours d'autruches

Personne n'a jamais vu de tyrannosaures se faire la cour. Mais en observant le comportement des oiseaux, leurs descendants, les paléontologues peuvent imaginer une partie de leur vie amoureuse… L'hypothèse la plus probable est que ces grands animaux s'accouplaient à la manière des autruches, le mâle placé derrière la femelle. En revanche, aucun indice scientifique ne permet de savoir s'ils passaient toute leur vie ensemble, ni comment ils s'occupaient de leurs petits.

Des bébés minuscules

Le bébé tyrannosaure était vraiment minuscule comparé à la taille de ses parents. Il mesurait moins de 30 cm à la naissance, ce qui est plus petit qu'un chat adulte ! Mais il grandissait vite et, dès l'âge de 10 ans, le jeune tyrannosaure grossissait de presque 2 kg par jour, ce qui signifie qu'il prenait près de 800 kg par an ! À ce rythme, l'animal atteignait sa taille adulte vers l'âge de 18 ans.

Une super maman !

Si le mâle tyrannosaure était immense et très impressionnant, la femelle était plus effrayante encore. Comme tous les dinosaures, la femelle *T. rex* avait des os creux. Mais les siens devaient contenir une réserve de minéraux (du calcium) servant à fabriquer la coquille des œufs avant la ponte. Ils étaient donc plus gros ! En conséquence, son squelette était plus costaud et son corps plus massif.

Parcouru de centaines de terminaisons nerveuses, le museau du tyrannosaure était sans doute particulièrement sensible au toucher. Certains scientifiques pensent d'ailleurs que les mâles et les femelles se frottaient le bout du museau avant de s'accoupler.

Une vie très courte

Dès la fin de sa croissance, un tyrannosaure avait déjà vécu plus de la moitié de sa vie ! Malgré sa force et sa taille gigantesque, ce grand carnivore était donc loin d'avoir une longévité exceptionnelle : il ne vivait pas plus d'une trentaine d'années. En comparaison, un éléphant d'Afrique vit au moins jusqu'à l'âge de 50 ans à l'état sauvage, et une baleine bleue près de 80 ans.

LA FIN D'UN RÈGNE

Le règne du tyrannosaure a duré près de deux millions d'années. Mais tout a basculé il y a environ 66 millions d'années... À cette époque, une série de catastrophes naturelles a modifié le climat et provoqué des changements considérables partout dans le monde. Tous les grands dinosaures et les trois quarts des autres animaux terrestres et marins ont disparu de la planète ! Mais de nombreuses espèces ont survécu à la catastrophe, et certaines ont même profité de la disparition des dinosaures pour se développer.

La chute d'une météorite

Il y a près de 66 millions d'années, une météorite de plus de 10 km de diamètre a frappé la Terre. L'impact a été équivalent à celui de plusieurs millions de bombes atomiques ! Rapidement, le choc a soulevé dans l'atmosphère un gigantesque nuage de poussière et de roches brûlantes, qui ont caché les rayons du Soleil et déclenché des incendies. La Terre a alors été plongée dans le froid et l'obscurité pendant des mois...

Des éruptions volcaniques

Les scientifiques savent que de violentes éruptions volcaniques se sont produites à la même période que la chute de la météorite. Celles-ci ont donc pu contribuer elles aussi à la disparition des dinosaures. En projetant dans l'atmosphère des quantités impressionnantes de poussière et de cendres, ces éruptions volcaniques ont également pu modifier le climat de la Terre.

La disparition du tyrannosaure…

Situé à 3 000 km de l'endroit où la météorite est tombée, le territoire du tyrannosaure a été immédiatement détruit au moment de l'impact. Ce jour-là, des blocs de roches brûlantes éjectés de la surface de la Terre ont voyagé dans l'atmosphère à plus de 7 000 km/h avant de bombarder l'Amérique du Nord ! La plupart des animaux qui y vivaient ont péri en seulement quelques heures.

… et des autres dinosaures

Privée de lumière, la végétation a disparu de la surface de la Terre, entraînant avec elle l'extinction des herbivores, qui manquaient de nourriture. À l'autre bout de la chaîne alimentaire, les carnivores ont fini par mourir de faim, eux aussi. C'est ainsi que la quasi-totalité des dinosaures ainsi que de nombreux autres animaux ont disparu en quelques mois !

Des survivants inattendus

Tous les dinosaures ont disparu, sauf… les oiseaux ! Ils sont les descendants directs des petits théropodes. Comme eux, ils ont des plumes, un bec, des os creux et des pattes bien droites sous le corps. Les oiseaux auraient survécu à la grande crise du Crétacé en se nourrissant de graines, puisque la végétation avait disparu… Ils se sont si bien adaptés aux changements de leur environnement qu'il existe aujourd'hui plus de 10 000 espèces différentes !

PLACE AUX MAMMIFÈRES !

De nombreux autres animaux ont survécu à la catastrophe, comme les crocodiles, les tortues, les grenouilles et les poissons d'eau douce. Mais les grands gagnants de l'Histoire sont les mammifères ! Au fil du temps, ils ont profité de la disparition des dinosaures pour se développer, grandir, se diversifier et changer de mode de vie. D'après les scientifiques, les mammifères auraient commencé à vivre en plein jour seulement 200 000 ans après l'extinction des dinosaures !

L'ENQUÊTE CONTINUE...

Os, dents, squelettes... Les paléontologues ont déjà dégagé et identifié une cinquantaine de fossiles plus ou moins complets de T. rex. Tous ces précieux restes ont déjà révélé de nombreux secrets enfouis dans le sol depuis des dizaines de millions d'années. Mais l'enquête est loin d'être terminée ! Les scientifiques cherchent toujours de nouveaux indices (nids, empreintes, œufs...) permettant d'en savoir plus sur l'histoire et le mode de vie du prédateur.

Des paléontologues nettoient un fossile avec un pinceau.

Chasseurs de tyrannosaures

Les restes de tyrannosaures sont piégés dans les roches datées de la période à laquelle ils ont vécu, la fin du Crétacé. C'est là que les paléontologues, qui étudient les fossiles de dinosaures, les cherchent. Ils peuvent les trouver pendant des recherches ou parce qu'ils ont été avertis par des amateurs, tombés par hasard sur un os. Chaque découverte intéressante déclenche l'ouverture d'un chantier. Ensuite, c'est à l'aide de pelles, de marteaux ou de pinceaux que les scientifiques dégagent les fossiles de leur enveloppe de pierre. Malgré les dernières découvertes, le tyrannosaure n'a pas encore révélé tous ses secrets. La couleur de sa peau, sa vie sociale, son nid, sa parade nuptiale... De nombreuses informations sont encore inconnues des scientifiques.

Du chantier au laboratoire

Tous les fossiles retrouvés sur le terrain sont numérotés et protégés par des coques de plâtre pour être transportés au laboratoire. Une fois sur place, ils doivent être soigneusement déballés. Puis ils sont nettoyés avec de minuscules marteaux-piqueurs, des aiguilles, des pinceaux et parfois même des bains d'acide. L'objectif est de les séparer de la roche dans laquelle ils sont piégés. C'est un travail minutieux qui exige des centaines d'heures de travail.

Identifier les inconnus

Une fois les fossiles nettoyés, les paléontologues doivent encore les identifier en les comparant avec ceux d'autres dinosaures connus. Ils disposent de près de 1 500 espèces différentes, déjà classées et répertoriées depuis la découverte du premier os de dinosaure en 1824 (une mâchoire de mégalosaure, un dinosaure carnivore) ! Dans ces conditions, la recherche peut demander beaucoup de temps. Plusieurs années peuvent s'écouler entre l'ouverture d'un chantier et l'annonce officielle de la découverte d'une nouvelle espèce de dinosaure !

Les tout premiers ossements de tyrannosaure ont été découverts en 1902 par le célèbre paléontologue américain Barnum Brown (à gauche sur la photo).

Fascinants squelettes

Il existe très peu de squelettes quasi complets de *T. rex* dans le monde. Le mieux préservé d'entre eux se prénomme Sue et a été découvert en 1990 dans une réserve indienne, aux États-Unis. Ce trésor inestimable a nécessité plus de 30 000 heures de travail, simplement pour le nettoyage et l'identification de chacun des os ! L'année suivante, les paléontologues ont trouvé au Canada un squelette encore plus grand : baptisé Scotty, il mesure 13 m de long et est le plus gros prédateur terrestre connu de la science ! Du moins, pour le moment...

Prénommé Sue en l'honneur de la paléontologue qui l'a découvert, Sue Hendrickson, l'immense squelette a été vendu au Museum Field de Chicago pour la somme astronomique de 8,6 millions de dollars !

COMMENT LES OS SE TRANSFORMENT-ILS EN FOSSILES ?

Dans la majorité des cas, les corps des dinosaures disparus se sont décomposés depuis des millions d'années... Impossible de les retrouver ! Mais quand leurs restes (os, dents...) ont été recouverts de couches de sédiments (boue, sable...), ils se transforment en pierres au fil du temps : ils se fossilisent. Les fossiles peuvent alors passer des millions d'années sous des tonnes de roches et réapparaître à la surface longtemps plus tard, sous l'effet des mouvements de la Terre ou de l'érosion des sols par le vent ou la pluie.

T. REX SUPERSTAR

Le tyrannosaure n'est pas le plus grand dinosaure carnivore ayant existé sur Terre. Comparé au spinosaure, un dinosaure piscivore de 15 m de long qui vivait en Afrique du Nord, il serait même plutôt moins impressionnant… Pourtant, T. rex occupe une place à part dans l'imaginaire collectif. Il est l'un des dinosaures qui a le plus inspiré les artistes, les auteurs de documentaires et les réalisateurs de cinéma. Rendu célèbre par le film Jurassic Park *sorti en 1993, il est certainement le dinosaure le plus connu de tous !*

Une star est née…

De l'autre côté de l'Atlantique, le tyrannosaure a passionné les Américains dès l'annonce de sa découverte. En 1905, un article de presse du *New York Times* le décrivait comme le « plus formidable prédateur jamais découvert », le « seigneur de guerre absolu » et le « roi des rois du monde animal ». Résultat ? Le tyrannosaure a tout de suite été considéré comme un être à part dans l'histoire de la paléontologie. Il est devenu encore plus célèbre grâce au film de Steven Spielberg *Jurassic Park*, sorti sur les écrans en 1993.

Timbre américain à l'effigie du tyrannosaure

Légende de cinéma

L'apparition des dinosaures au cinéma date de 1925, avec le film américain *Le Monde perdu*. Le tournage a nécessité une cinquantaine de modèles réduits, constitués d'une armature en acier et recouverts d'éponge et de caoutchouc. Dans une seconde version du film sortie en 1960, de vrais lézards maquillés jouent le rôle des dinosaures. En 1993, le chef-d'œuvre de Steven Spielberg *Jurassic Park* rencontre un immense succès ! Réalisé en images de synthèse, c'est le tout premier film à faire de *T. rex* un personnage central de l'histoire. Le sixième volet de la saga devrait sortir en juin 2022, patience…

Le réalisateur américain Steven Spielberg sur le tournage de Jurassic Park

Troublante ressemblance

Quand le tyrannosaure n'est pas la star du film, il semble en être la source d'inspiration ! Dans la saga japonaise *Godzilla*, le monstre est un croisement entre plusieurs dinosaures : il a la tête et le bas du corps d'un tyrannosaure, la triple rangée de plaques dorsales d'un stégosaure et le cou et les avant-bras d'un iguanodon.

Dans la trentaine de films sortis entre 1954 et 2020, il est présenté alternativement comme un monstre destructeur et un personnage héroïque protégeant la planète Terre contre les attaques extérieures.

Une animatronique (contraction d'« animation électronique ») au musée d'Histoire naturelle de Londres

T. rex robotisé

Avec le développement des nouvelles technologies, il existe maintenant des dinosaures qui se déplacent et rugissent comme s'ils étaient vivants ! Présents dans certains parcs d'attractions, des lieux d'exposition ou sur la scène d'un spectacle, ces dinosaures animés sont des animatroniques : des robots animaux à taille réelle, avec une peau en latex et des mécanismes placés à l'intérieur du corps qui permettent de les téléguider.

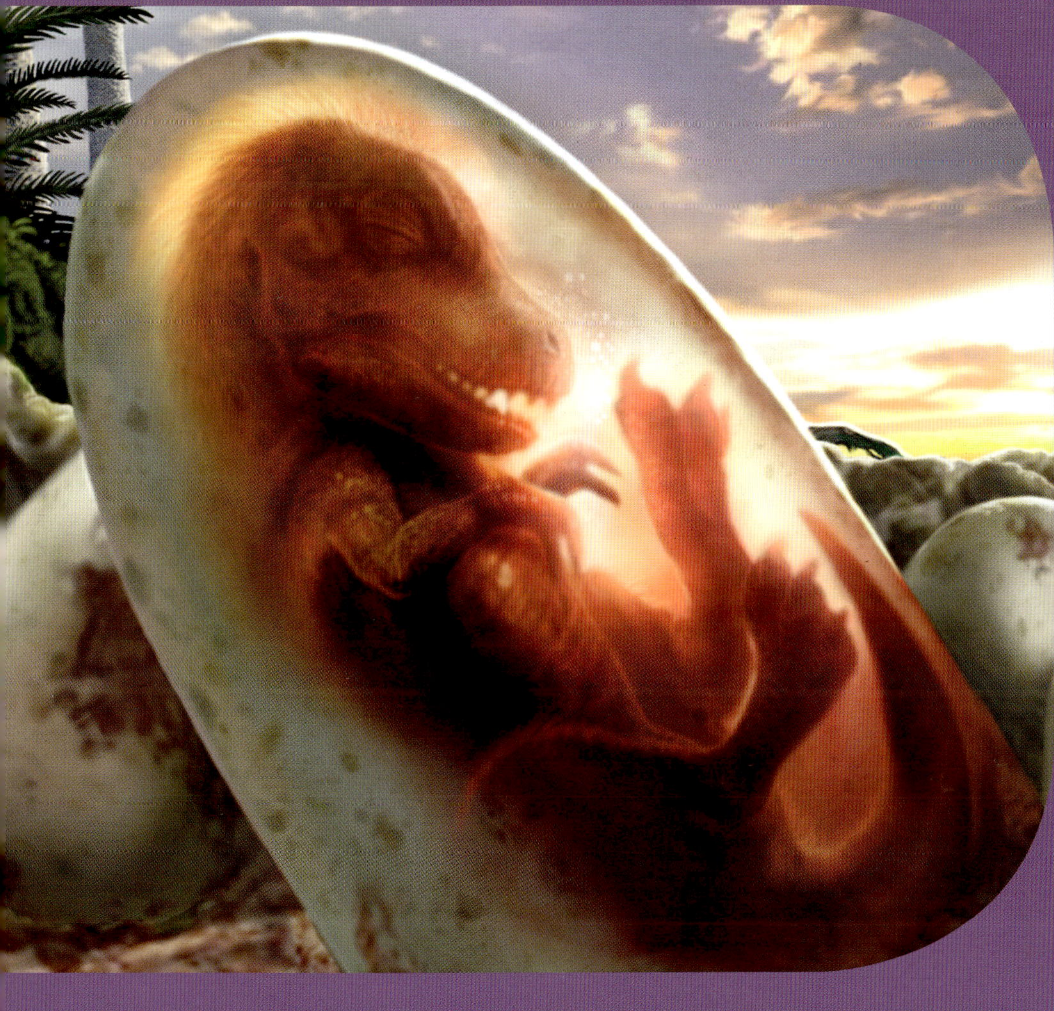

FAIRE REVIVRE LE TYRANNOSAURE ?

Pourra-t-on un jour faire revivre les dinosaures, comme dans le film *Jurassic Park* ? Les scientifiques se sont sérieusement posé la question, mais la réponse est non ! Pour ressusciter un tyrannosaure, il faudrait récupérer son ADN, la molécule qui donne les caractéristiques de chaque être vivant (forme du corps, couleur des yeux...). Mais comme l'ADN disparaît après quelques milliers d'années, cette hypothèse est impossible.

TABLE DES MATIÈRES

57, rue Gaston Tessier, CS 50061, 75166 Paris Cedex 19
www.fleuruseditions.com
Direction : Guillaume Pô
Direction éditoriale : Emmanuelle Braine Bonnaire
Conception de la collection : Émilie Beaumont et Jack Delaroche
Édition de l'édition précédente : Nathalie Merluzzi
Édition de la présente édition : Élodie Condé
Conception graphique : Éric Laurin sous la direction de création de Élisabeth Hébert
Direction artistique : Bleuenn Auffret, assistée de Julien Di Giorgio
Mise en page : Graph'M
Direction de fabrication : Thierry Dubus
Fabrication : Axelle Hosten

Loi n° 49-956 du 16 juillet 1949 sur les publications destinées
à la jeunesse, modifiée par la Loi n° 2011-525 du 17 mai 2011.
Dépôt légal : mars 2021
2e édition - N° d'édition : J21071
ISBN : 978-2-2151-7636-7 • MDS : 661654N1
Achevé d'imprimer en février 2021 en Italie
Par LEGO S.p.A par l'intermédiaire d'Ercom

IMPRIM'VERT®

Certifié PEFC
Ce produit est issu de forêts gérées durablement et de sources contrôlées
PEFC
PEFC/18-31-280
www.pefc-france.org